EL COMPRADOR
INTELIGENTE

EL COMPRADOR
INTELIGENTE
PLAN C

MASSIEL CARDENAS
Y PAUL CARDENAS

Número de Control de la Biblioteca del Congreso de EE. UU.:   2011918232
ISBN: Tapa Dura   978-1-4633-1138-4
                         Tapa Blanda   978-1-4633-1137-7
                         Libro Electrónico   978-1-4633-1136-0

Este Libro fue impreso en los Estados Unidos de América.

Para pedidos de copias adicionales de este libro, por favor contacte con:
Palibrio
1663 Liberty Drive
Suite 200
Bloomington, IN 47403
Llamadas desde los EE.UU. 877.407.5847
Llamadas internacionales +1.812.671.9757
Fax: +1.812.355.1576
ventas@palibrio.com
364500

Indice

AGRADECIMIENTO

A nuestro Padre Celestial,
creador y socio mayor de este proyecto.

DEDICATORIA

A nuestras hijas Daniela y Andrea, inspiración, motivación e impulso para construir un mundo mejor.

PRÓLOGO

¡En el tiempo correcto y en el país correcto!, fueron mis primeros pensamientos cuando supe de este libro inspirado por realidades con las que me sentí identificado desde el primer momento como seguramente tú lo harás.

Massiel y Paul, inmigrantes Latinoamericanos y luchadores como muchos de nosotros, son merecedores de un justo reconocimiento por dedicar varios años de sus vidas en los Estados Unidos a investigar, identificar y traducir para nosotros, uno de los más extensos sistemas norte americanos existentes.

Plan 'C', es un manual práctico de referencia que revela a sus lectores secretos, prácticas comerciales y técnicas empleadas por los fabricantes de productos y sus cadenas de distribución en el sector de consumo familiar e incluso del consumo de suministros del pequeño empresario. La puesta en marcha o 'la activación', como encontrarás expreso en este libro, del Plan 'C' tiene el potencial de acelerar el desarrollo en ti de algo que llamaríamos Inteligencia de Consumo, una habilidad que se puede trasladar en ahorro de dinero y en algunos casos incluso, ganancia de dinero extra.

Nadie parece ser inmune a la red de consumismo presente en Los Estados Unidos. El uso de tecnología de los últimos tiempos la ha hecho aún más sofisticada y efectiva en capturar nuestra imaginación, sueños y voluntad. No hay diferendos de género, raza, edad o preferencias, todos nuestros hábitos de compra han sido tabulados por computadores y convertidos en modelos casi perfectos que nos llevan a comprar una y otra vez, algunas veces casi en estado hipnótico. El resultado en el lado de los fabricantes y distribuidores es el incremento de sus ventas, en el nuestro, de nuestras deudas.

La buena noticia sin embargo, es que al desarrollar Inteligencia de Consumo tienes el potencial de invertir los papeles completamente, esta vez a tu favor. El camino no es automático y requerirá de tu esmero y entusiasmo, pero si decides seguir este libro y activar el plan, podrías descubrir un aspecto maravilloso de este país y es la recompensa que ofrece a quienes descubren cómo funciona su sistema de oportunidades.

Jesus Alejandro Riaño, BS, MBA
NYS Business Advisor at Stony Brook University

INTRODUCCIÓN

*"Hay tres grupos de personas: los que hacen que las
cosas pasen; los que miran las cosas que pasan y los que
se preguntan ¿qué pasó?"*
—**Nicholas M. Butler**

Tal y como reza esta maravillosa frase de Nicholas M. Butler cada uno de nosotros se identifica con uno de estos tres grupos. Si te identificas con el primero, debo felicitarte ya que las personas como tú trascienden, son líderes y dejan huella en su familia y en la comunidad donde se desenvuelven. Ahora si te identificas con alguno de los grupos restantes de igual manera te felicito, ya que aún tienes el reto de crecer y desarrollarte hasta convertirte en una persona que hace que las cosas pasen. La vida es un proceso continuo de cambios y aprendizaje que hacen de ella un viaje emocionante. Si bien es cierto que no todos nacemos para ser líderes, no es menos cierto que independientemente de donde te encuentres debes conocer tu entorno y tomar el liderazgo de tu vida y tus finanzas. En esencia, nadie puede hacer más por tus finanzas que tú mismo. De lo que estamos hablando es de la oportunidad de tomar control sobre cuál es el tipo de vida que deseas vivir. El dinero no lo es todo en la vida, pero hace todo un poco más fácil.

Este libro está estructurado en tres partes muy bien definidas. La primera presenta las razones que nos llevaron a la creación de Plan C, el Plan del Comprador Inteligente, así como el significado del mismo. Encontrarás aquí, elementos reales y actuales que te permitirán evaluar tus patrones de compra de una manera diferente. Plan C no es una moda, está basado en el Sistema de consumo Americano y por consiguiente no perderá su vigencia.

La segunda parte presenta las tres fases esenciales que sustentan y hacen posible el funcionamiento efectivo del Plan C, como son, uso de las herramientas del Plan, la organización y la oportunidad.

La tercera parte ofrece información complementaria que te permitirá perfeccionar la aplicación del Plan C, así como maximizar los resultados que deseas alcanzar.

Mediante la activación del Plan C, verás oportunidades donde nunca antes siquiera pensaste que existieran. Literalmente empezarás a encontrar dinero en todas partes.

Felicitaciones por adquirir este libro ya que estas a punto de cambiar para siempre tu forma de comprar. Te convertirás en un Comprador Inteligente. *¡Comencemos!*

CAPÍTULO I

La prosperidad te persigue…
Deja que te alcance

"El éxito es ese viejo trío: habilidad, oportunidad y valentía"
—**Charles Luckman**

Antes de activar tu Plan C, es importante que conozcas algunas de las acciones, que un comprador inteligente debe tomar en cuenta. Algunas de ellas las resumiremos de la siguiente manera:

❖ *Ser totalmente **honesto** con la situación económica que vives actualmente.* Quizás este es uno de los pasos más complicados del proceso pero al mismo tiempo, el más importante, ya que este constituye el comienzo del cambio de tu situación económica.

❖ ***Reconocer** los malos hábitos financieros y luego sustituirlos por nuevos hábitos de éxito.* Independientemente cuál sea tu situación, reconocer tus debilidades y fortalezas te coloca en una posición de ventaja para aprender y descubrir un nuevo estilo vida más próspero.

❖ ***Aprender y prepararse** para el cambio. Adquirir el conocimiento y herramientas necesarios.* Una vez que te dispones a aprender, el conocimiento te lleva a descubrir nuevas formas de lograr tus objetivos.

❖ *Tomar acción* inmediata en la dirección correcta. *Con solo la teoría no se logra nada.* Cuando llega el momento de **tomar acción**, es imprescindible tener un plan ajustado a tus necesidades, es decir tu propio "**PLAN C**".

PLAN C – EL PLAN DEL COMPRADOR INTELIGENTE

Plan C ha sido diseñado de manera sencilla y fácil de aprender. Se ajusta a tus necesidades y eso lo convierte en un plan hecho a la medida. Una vez que lo actives podrás:

- Utilizar tu dinero de manera eficiente.
- Comenzar a obtener ahorros inmediatos de entre 70% al 90% en tus compras de alimentos y productos de consumo diario, de las marcas más reconocidas.
- Evitar compras apresuradas, ya que tendrás una despensa bien equipada.
- Cambiar tus hábitos financieros.
- Ser más organizado.
- Gastar menos y tener más.
- Convertirte en un comprador inteligente.

La letra **C** de nuestro Plan encierra más de un significado:

- *Compras Inteligentes:* comprar lo mejor, al menor precio.
- *Consumidor*: ser un consumidor astuto, aprovechando lo que te ofrecen las tiendas de tu preferencia, en el momento indicado.
- *Control*: sobre tus finanzas, haciendo buen uso del dinero. Controlando tus salidas de dinero más pequeñas, tendrás el poder para hacer cosas grandes.

- **Cantidad**: construir una despensa de alimentos y artículos de uso diario que te permita cubrir las necesidades de toda la familia por largos periodos de tiempo.
- **Calidad**: no solo en los artículos que usas y consumes, sino también en el tiempo compartido con aquellos que amas.
- **Conocimiento**: del sistema americano en el que vives, esto no significa que renuncies a tus costumbres o idioma, sino aprovechar inteligentemente los beneficios que te ofrece.
- **Compartir**: crear conciencia, ayudar y enseñar a otros.

COMO SURGE PLAN C

*"Es en la crisis donde aflora lo mejor de cada uno,
porque sin crisis todo viento es caricia"*
—**Albert Einstein**

Todos llegamos a Estados Unidos con un objetivo común en mente, el mejorar nuestra calidad de vida. Algunos venimos buscando mejores oportunidades de trabajo, ayudar a nuestras familias, otros quizás para ofrecer a nuestros hijos un mejor porvenir, vivir en libertad, entre otras, pero si pusiéramos todo esto en perspectiva podríamos concluir que todos venimos a este país con un plan "Plan A", que no es otro que hacer realidad el "Sueño Americano".

Al igual que tú, mi esposa y yo llegamos a este País buscando cumplir nuestros sueños más anhelados. Con la expectativa de que todo saldría bien y con la convicción de que en poco tiempo y con trabajo duro, estaríamos en capacidad de ofrecer una mejor vida a nuestras hijas. Desafortunadamente, después de 7 años de trabajo y grandes sacrificios, el sueño americano se convirtió en una verdadera **pesadilla americana**. Aun cuando el Plan "A" seguía en nuestra mente y nos negábamos a abandonarlo, hubo que hacerle tantos ajustes, que perdió su encanto. Con la fe como bandera y un poco de optimismo seguimos adelante en el que llamamos "Plan B" que entre otras cosas, incluía la búsqueda de un segundo o tercer trabajo para lograr incrementar los ingresos y enderezar las cargas, nos mudamos a un lugar más económico, intentamos desesperadamente bajar los gastos en comida y artículos de uso diario, apagábamos las luces para bajar la factura de luz, cambiamos el plan de celular por el más económico, nos olvidamos de vacaciones y estaba prohibido enfermarse, porque no podíamos darnos el lujo de gastar en medicinas. Todos estos ajustes si bien permitieron contar con un poco más de dinero, nos robaron tiempo de calidad con la familia y mermaron nuestra salud. En una frase, sentimos que no había salida y vimos como poco a poco nuestros sueños estaban cada vez más lejos de ser una realidad.

Hablando con mi esposa después de una larga jornada de trabajo, le comentaba que no podía creer que después de todo el sacrificio hecho por ambos para el logro de nuestros sueños, nos encontráramos totalmente agotados de tanto trabajar, enfermos y frustrados. Irónicamente, lo único que había cambiado era que ganábamos más dinero, pero al mismo tiempo gastábamos más y nuestras deudas seguían incrementándose, llegando a la dolorosa conclusión que nuestro Plan B había fracasado. Era hora de cambiar o morir en el intento.

Después de escuchar atentamente, mi esposa respondió: "Cuando la fe, la esperanza y la necesidad es lo único que te queda, tienes dos opciones: *acostumbrarte a la mediocridad y quedarte allí sobreviviendo por el resto de tus días, o usar esos 3 recursos con los que cuentas, para reinventarte e impulsarte con mayor fuerza hacia algo mejor…*" Así surge Plan C, como respuesta a nuestras oraciones, investigaciones y necesidades familiares.

¿POR QUÉ ACTIVAR PLAN C?

*"La crisis es la mejor bendición que puede sucederle
a personas y países, porque la crisis trae progreso"*
—**Albert Einstein**

Invertimos nuestro tiempo preocupados por situaciones que se encuentran fuera de nuestro control, como por ejemplo, los precios de la gasolina, el costo del transporte público, la calefacción, entre otros. Nos parece absurdo pagar $4.00 por cada galón de gasolina, pero en realidad no hay nada que podamos hacer al respecto, no tenemos ningún control. La mejor actitud es ajustarse a estos cambios y enfocarnos en aquello que si podemos controlar ya que depende estrictamente de nuestras decisiones.

Permítenos hacerte una pregunta, ¿cuándo deseas comprar una nueva computadora, vas directo a la primera tienda que te consigues y la compras sin importar el precio o por el contrario te tomas el tiempo para comparar precios y promociones que ofrecen las diferentes tiendas? Pienso que la opción que escoges es la segunda, ¿no es cierto? Por naturaleza, estamos acostumbrados a que cualquier compra que implique el gasto de una cantidad considerable de dinero nos lleve a evaluar los precios en las diferentes tiendas, marcas, características técnicas del equipo, etc., para luego ir a comprar en la tienda que ofrezca mejores condiciones comerciales y se ajusten a nuestro presupuesto. Esto sin lugar a dudas es lo correcto. ¿Haces lo mismo con lo que compras en el supermercado y farmacias? Suponemos que se ha convertido en algo natural simplemente aceptar, que hay que pagar cada vez más dinero por los alimentos. La gente no percibe el gasto de alimentos y productos de cuidado personal y limpieza, como un gasto importante. Creemos que la información que leerás a continuación te dará una perspectiva diferente. Según la Oficina del Censo de los Estados Unidos, en 2010, las familias de 3 integrantes (promedio) gastaron $6,110 dólares al año solo en compras de supermercado. El estudio también revela que solo gastaron alrededor de $3,000 dólares al año en gasolina y transporte. En otras palabras, significa que el gasto en comestibles, productos de aseo personal y productos de limpieza, supero en más del doble, los gastos en gasolina y transporte. Sorprendente, ¿no crees? Imagínate si tu familia es de 4 o más integrantes.

Es importante evaluar todos los gastos en los que incurrimos. Todos sabemos que los precios de los alimentos han ido aumentando a lo largo del tiempo. Tenemos que comenzar a ahorrar dinero en lugares donde antes no lo habíamos hecho y el Plan C es una excelente manera de hacer esto. Cuando puedes conseguir un producto que usas frecuentemente de forma gratuita o muy económica, ¿por qué no obtenerlo? ¿No crees que invertir un poco de tiempo vale la pena la recompensa? Todos pensamos con frecuencia que luego de hacer recortes a nuestros gastos, llegamos a un punto donde no identificamos que más hacer para seguir ahorrando, pero en tiempos difíciles, tenemos que empezar a identificar alternativas no consideradas en el pasado, como por ejemplo, el uso del Plan C.

Hagamos un ejercicio para ver esto de una manera diferente: Si inviertes 4 horas cada semana investigando los precios y ofertas de las tiendas y aplicando el Plan C lograrás un ahorro de $80 a la semana, básicamente te estarías pagando $20 por hora de trabajo. Nada mal, ¿verdad?

ENTENDIENDO EL SISTEMA AMERICANO

"El verdadero acto de descubrimiento no es descubrir nuevos lugares, sino verlos con nuevos ojos"
—**Marcel Proust**

La economía de Estados Unidos, es consumista. ¿Cómo podemos interpretar esto? Muy sencillo, en este País todo se encuentra al alcance de la mano, sólo necesitas contar con el dinero para que ese producto sea tuyo, lo necesites o no. La clave del sistema gira en torno a la creación de necesidades, es decir, una vez que deciden crear un producto nuevo, harán que lo anheles al punto que no puedas vivir sin él.

Deseamos compartir contigo una anécdota personal, cuando vivíamos en nuestro país de origen, quisimos adquirir un TV Plasma. Tuvimos que trabajar por 11 meses para ahorrar solo la cuota inicial de compra y luego pagar 11 cuotas mensuales con altos intereses. Pagar la última cuota fue muy emocionante, el TV por fin nos pertenecía, pero, esta emoción duro solo unos segundos, ya que luego de sumar todo el dinero que habíamos pagado por él, comprobamos que el monto era tres veces mayor al valor original del TV y además ya había un nuevo modelo con tecnología avanzada en el mercado. En pocas palabras, pagamos el equivalente a 3 TV Plasmas y recibimos solo uno y para colmo obsoleto... ☹ ¿Te pasó algo así alguna vez? Seguro que sí.

En Estados Unidos es diferente, no tienes que esperar tanto... llega una súper oferta de fin de semana o el Viernes Negro (Black Friday) y caes como en un estado de hipnosis temporal, no duermes, haces filas interminables bajo un clima invernal y sólo piensas en correr a comprar tu TV Plasma. Lo más increíble es que regresas a casa con la TV y con 5 artefactos más, que antes no habías ni siquiera considerado comprar.

A simple vista podríamos pensar que esto es fantástico, pero lo que no detectamos es que las "*facilidades*" que nos ofrecen las tiendas y la "*ansiedad*" que nos genera la compra de dichos productos, no es más que la trampa en la que todos de manera inevitable caemos sin darnos cuenta.

¿Te has encontrado en algún momento, gastando tu dinero en un artículo o producto para luego darte cuenta que no lo necesitabas y cuyo destino final fue un closet, regalarlo o la basura? Déjame decirte que, no has sido el único. Gastamos lo que ganamos y entonces nos vemos en la necesidad de trabajar más para ganar más y seguir gastando, cayendo en un círculo vicioso del cual pronto no sabremos cómo escapar.

Es importante que recuerdes que en un sistema consumista, todo gira en torno a gastar y gastar. Si caes en la trampa, literalmente este Sistema te sacudirá hasta que no quede ni un centavo en tus bolsillos, ni en tu banco. *Si eres inteligente, organizado y activas* **"PLAN C"**, *te mantendrás firme como roca, nadie podrá vaciar tus bolsillos, tendrás todo lo que necesitas y además serás recompensado mientras aprendes.*

CAPÍTULO II

Fase I: Herramientas del Plan C

"Un buen plan ejecutado hoy, es mucho mejor que un plan perfecto mañana"
—**General George S. Patton**

Todo Plan por muy sencillo que sea, requiere el uso de herramientas que te faciliten la obtención de los resultados que esperas y Plan C no es la excepción.

A continuación, detallamos lo que necesitarás semana a semana para construir un plan a tu medida. Te recomendamos que involucres a toda la familia, ya que trabajando en equipo avanzarás rápidamente.

Muy bien, entonces comencemos. Las herramientas que utilizarás a partir de hoy son:

1. Periódicos de ofertas semanales

Todas las grandes tiendas y supermercados emiten semanalmente en periódico sus ofertas promocionales. No será difícil obtener esta herramienta, ya que la tienes a disposición gratuitamente en la entrada de las mismas tiendas o las recibes en tu buzón de correo. Esta será una de las herramientas más importantes de análisis para tus compras de ahora en adelante.

2. Tarjetas de afiliación o membresía

La mayoría de los supermercados y tiendas como CVS, ofrecen gratuitamente a sus clientes tarjetas de afiliación o membresía, que son escaneadas por el cajero al momento de pagar, para mantener tu record de compra y garantizar los descuentos de la tienda. Es muy común colocarlos en nuestros llaveros.

3. Lápiz y cuaderno

Es importante llevar registro de la información, así lápiz y cuaderno se convertirán en tus mejores aliados una vez comiences aplicar el Plan C.

4. Cupones de manufactura o del fabricante

Un elemento muy importante y que pocas veces tomamos en cuenta son los cupones de descuento que ofrecen los fabricantes de productos. Dichas empresas de productos ponen en circulación a través de los medios impresos, miles de millones de dólares en cupones al año con la finalidad de que nosotros los consumidores probemos sus productos. Del total de la población de este país, solo el 8% utiliza de la manera correcta este recurso como aliado para el ahorro en el gasto de productos de uso diario. En palabras simples, la gran mayoría de esos cupones van directo a la basura, sin que nadie se percate que está botando miles de dólares al año.

Con seguridad has escuchado o pensado cosas como estas:

Será cierto que...

1. "Usando cupones, terminas comprando productos más caros que no necesitas, por el solo hecho que tienes un cupón".

Respuesta: Falso

> *Para todo consumidor que se inicia en el uso de cupones, esto es un problema frecuente, tener la tentación de adquirir un producto solo por el hecho de tener un cupón. Pero tranquilo, esto es algo que se evita fácilmente. Los fabricantes de productos saben que los cupones son una herramienta de mercadeo que ayuda a colocar sus productos en las manos del consumidor. Ahora bien, si tienes un cupón de un producto que no necesitas, cómpralo solo si te sale totalmente gratis. Luego podrás regalarlo o donarlo a alguien que si lo utilice. Tomando decisiones como esta, no caerás en la trampa de gastar más dinero y llenarte de productos que no necesitas. Recuerda que a los fabricantes de productos o tiendas no les importa el presupuesto con que cuentas, eso es algo que depende de ti.*

2. Los cupones son difíciles de encontrar, organizar, recortar y usar.

Respuesta: Falso

> *Con el uso del **Plan C**, te enseñaremos donde encontrar los cupones, organizarlos y utilizarlos en el momento oportuno para que trabajen a tu favor.*

3. Utilizar cupones toma demasiado tiempo y energía.

Respuesta: Falso

> *El tiempo es dinero y por dinero pasamos la mayor parte de nuestro tiempo trabajando, pero eso no niega el hecho de que los cupones sean aliados efectivos para bajar las facturas del supermercado. Si aprendes a usarlos, el ahorro puede representar el ingreso equivalente a un trabajo de medio tiempo.*

4. Usando cupones es muy poco lo que se ahorra, son sólo centavos.

<u>Respuesta:</u> Falso

> *Cuando los usas correctamente, te das cuenta que la* **cantidad** *y* **el momento de usarlos** *son importantes. Si sólo recortas un cupón, ¿de qué sirve? Si quieres ahorrar mucho dinero con cupones sólo tienes que usar la mayor cantidad de ellos en el momento preciso. Es un concepto muy simple. No solo bajarán tus gastos entre un 70% a un 90% sino que conseguirás productos gratis e incluso algunos cupones te generarán dinero para pagar por otros artículos que necesites.*

5. Los cupones se pierden y se olvidan en casa fácilmente.

<u>Respuesta:</u> Falso

> *Una vez que comiences a aplicar el* **Plan C**, *olvidar los cupones será como dejar tu cartera, dinero o tarjetas en casa, ya que estos formarán parte activa de tu presupuesto a partir de ahora.*

Activando el Plan C, aprendes paso a paso y de manera simple como usar correctamente los cupones de descuento de manufactura en las tiendas de tu preferencia, como son: Target, Wal-Mart, Compare Foods, C Town, Rite Aid, Stop & Shop, Kroger, Shoprite, CVS, Safeway, Albertson's, y muchas más. En otras palabras, la **única condición es comprar en tiendas que acepten cupones de manufactura**, ¿y sabes qué? Prácticamente todas las tiendas reciben cupones de manufactura. Solo debes ir al área de servicio al cliente y averiguar, así de simple.

Recuerda: Los cupones deben ser utilizados con **eficacia** para que generen un *efecto positivo en tu presupuesto*. En el próximo capítulo, te diremos dónde encontrarlos.

Como puedes ver, todas las herramientas que utilizarás para desarrollar tu propio Plan C, están al alcance y no tienes que hacer ninguna inversión de dinero para obtenerlas.

CAPÍTULO III

Tipo de cupones y donde encontrarlos

Existe una gran variedad de cupones de descuento, tantos que a veces pasan desapercibidos. Una vez que aprendemos a reconocerlos, literalmente empezamos a ver dinero en todas partes.

Inmediatamente surge la pregunta ¿dónde y cómo puedo encontrar cupones? Los cupones se encuentran en todas partes. Y aquí te lo vamos a demostrar. El problema es que la mayoría de las personas no tiene idea de dónde buscar. Pero no te preocupes, en esta sección vamos a echar un vistazo a los tipos de cupones y donde encontrarlos.

a. El periódico del domingo

Cada domingo el periódico trae encartados cupones. Un encarte son pequeñas revistas de cupones. Los 4 encartes más comunes en el periódico del domingo son: Smart Source (SS), Red Plum (RP), General Mills (GM) y Procter & Gamble Saver (PG). Comencemos por ver con qué frecuencia encontrarás estos encartes en el periódico.

- **Encarte de Procter & Gamble (PG):** viene encartado una vez al mes. Lo encontrarás el último domingo de cada mes o en algunos casos el primer domingo del mes. En este encarte, encontrarás cupones muy valiosos que hacen que dichos productos salgan gratis o casi gratis.

- **Encarte de Smart Source (SS) y Red Plum (RP)**: viene encartado cada domingo con diferentes cantidades de excelentes cupones en cada uno.
- **Encarte de General Mills (GM)**: varía, y por lo general es visto cada dos meses, con cupones muy buenos.
- **Encarte de cupones locales**: A veces los consigues impresos en el propio periódico.

Las únicas excepciones donde **no** vienen cupones encartados en el periódico del domingo son los días feriados. Por tal motivo, te recomendamos que revises el periódico antes de comprarlo para asegurarte que los cupones estén allí.

Es importante que sepas que el periódico es generalmente más caro los domingos, por lo que te sugerimos que busques en tiendas de Todo a Dólar, así ahorrarás dinero. Por lo general, las tiendas, como Dollar Tree, o incluso las tiendas de comestibles locales venden los periódicos por $1.00. A ese precio se pueden comprar 4 o 5 cada semana, y así, si algún producto sale gratis con el uso del cupón, lo puedes comprar cinco veces y así maximizar el ahorro. Revisa también los periódicos de circulación local, por lo general son gratis y te sorprenderás de los cupones que ofrecen, no solo circulan los domingos, sino cualquier día de la semana dispuesto para su distribución.

b. El Internet

Existen algunos sitios web que ofrecen cupones gratis para imprimir en casa. Algunos de ellos son www.coupons.com o www.couponbug.com, entre otros. Tú estás normalmente autorizado a imprimir dos copias de estos cupones, pero no más. La primera copia está destinada para su uso; la segunda copia se permite en caso de mal funcionamiento de la impresora. La segunda copia se obtiene pulsando el botón "atrás" de tu navegador después de imprimir la primera. Si intentas imprimir un tercer cupón, verás un mensaje en la pantalla del computador que dirá: "Lo sentimos, usted ha impreso el número máximo permitido." Si realmente deseas imprimir más, deberá imprimirlos desde otra computadora. Muchas personas van a las bibliotecas porque hay muchas computadoras y cada una le dará dos cupones. Tiendas como Food Lion, Target, entre otras tienen cupones en línea que se encuentran disponibles cada semana para que tú puedas imprimirlos y utilizarlos sólo en esa tienda. Muchas tiendas como Albertson's aceptan los cupones de su competidor. Otras tiendas como Shoprite, Kroger y Pathmark están empezando a permitir cargar cupones electrónicos en sus tarjetas de membresías. No olvides registrarte en el sitio web de la tienda y consultar si tienen algún programa especial. Recuerda, cada tienda funciona de manera diferente.

c. Teapards o libretas de cupones

¿Alguna vez has visto cupones en forma de pequeñas libretas en los pasillos de la tienda? Eso es un Tearpad. Cuando vayas a la tienda o supermercado mantén los ojos abiertos a fin de conseguirlos, porque son unos de los mejores. Por lo general, las tiendas aceptan que uses entre 5 y 10 cupones de este tipo solamente, por consiguiente asegúrate de dejar para los demás. Siempre se amable y deja para los demás compradores. Recuerda, si tú encuentras Tearpads en cualquier tienda, podrás utilizarlo en cualquier lugar (siempre y cuando estos no sean exclusivos de la tienda donde los encontraste).

d. Rain Check

Esta es una herramienta poco conocida por los compradores y aun cuando no son propiamente cupones, no dejan de tener gran valor. Los Rain Checks son vales que congelan el precio de un producto en oferta y dan la posibilidad de comprarlo a ese precio en una fecha posterior al término de dicha oferta. Es decir, si un producto está en oferta y además está anunciado en el volante de ofertas semanales, pero la tienda ya vendió todo el inventario que tenía de ese producto, dirígete a la oficina de servicio al cliente y pide un "Rain Check". Cuando la tienda reponga sus inventarios, así el producto ya no esté en oferta tu podrás comprarlo al precio que aparece en tu Rain Check.

e. Peelies/Blinkies

Peelies son cupones que se encuentran pegados a las cajas o empaques del producto que has comprado. Revisa cuidadosamente las cajas a fin de asegurarte que no vienen cupones disponibles para tu próxima compra del producto. **Blinkies** son pequeñas máquinas normalmente de color rojo que suministran cupones y se sitúan normalmente en torno al producto, en los pasillos de la tienda. Simplemente al ubicar un producto de tu gusto que tenga el **blinkie**, toma 5 o 6 cupones y sigue tu camino. Luego de tomar el primer cupón, deberás esperar unos segundos para poder tomar el siguiente cupón. Mucha gente dirá que no es ético tomar **blinkies** de un producto que tu no necesitas comprar. Otros dirán, que tú debes tomar tantos cupones como desees, siempre y cuando tú vayas a comprar ese producto en el futuro. Haz lo que consideres correcto. He leído que más del 35% de las personas aún no utilizan los cupones incluso cuando están pegados a las cajas de los productos. Estos a menudo pueden ser excelentes cupones, y recuerda, siempre y cuando el cupón de descuento es de un fabricante, puedes utilizarlos en cualquier tienda.

f. Catalina

Muchas personas se extrañan cuando reciben una larga serie de cupones que salen de la caja registradora al pagar su factura en el supermercado. Estos cupones se llaman Catalinas. Este extraño nombre ha existido por mucho tiempo y se originó a causa de la empresa que fabrica las máquinas, Catalina Marketing. Catalinas o CAT (la abreviatura estándar en el mundo de cupón) son de nuestros cupones favoritos, ya que no sólo hacen que muchos productos salgan muy económicos, gratis o en algunos casos, hasta obtener un saldo a tu favor que te servirá para pagar por otro producto. Sí, has leído bien, los CAT son cupones excelentes y a los que pocas veces les prestamos atención.

Las catalinas pueden ser de cuatro tipos diferentes:

- ✓ **Cupones específicos para productos específicos**, por ejemplo: obtenga $1.00 de descuento en Champú Head and Shoulders.
- ✓ **Cupones de descuento sobre su próxima compra**, estos se abrevian (OYNO), por ejemplo: obtenga $5.00 de descuento en su próxima compra.
- ✓ **Recompensas por compras efectuadas** (RR y son específicos de Walgreens, CVS, Rite Aid, entre otros). se trata de un cupón que recibes por la compra de un producto específico y que puede ser usado en tu próxima compra. Normalmente, este tipo de cupones te permiten la obtención de productos que usamos diariamente en casa de manera gratuita o por unos centavos. (Consulte el periódico de ofertas de cada semana).
- ✓ **Cupones que informan sobre próximas promociones**. Este tipo de cupones informativos nos permiten prepararnos para la compra de ese producto con antelación.

g. Muestra de productos en tiendas (Displays)

Muchas tiendas utilizan esta estrategia para vender productos. Colocan pequeños stands y darán muestras del producto a los consumidores para probar los productos. Por lo general sábados y domingos. Muchas veces hay cupones muy buenos en estos displays. Asegúrate de preguntar a la persona que asiste el display si podrías tomar un par de cupones adicionales.

h. Por correo

Comunícate con el fabricante de todos los productos que compras. En el reverso de las cajas y bolsas podrás encontrar un número 800, al que puedes llamar gratuitamente. Diles lo maravilloso que es su producto, y pregunta si tienen disponible cupones de descuento o folletos para enviar por correo a los clientes. A menudo, el fabricante está dispuesto a enviar cupones por correo a sus clientes.

i. Sitio Web del fabricante

Ir a los sitios web de los grandes fabricantes. A menudo tienen cupones disponibles que podrás imprimir en casa o te los enviarán por correo totalmente gratis. Estos son algunos de los mejores cupones porque el fabricante quiere que pruebes el producto. A menudo contienen cupones que al usarlos, los productos salen totalmente gratis. Los fabricantes están muy ansiosos de poner cupones en las manos de los consumidores. Ya que esto se traduce para ellos en mayores ventas.

j. Servicios de recorte de eBay o promocional

Muchas personas utilizan este tipo de servicios. Por lo general, es una fuente muy eficaz si tú necesitas un cupón de un producto específico que estás buscando. Comprar cupones no específicos en eBay no suele ayudar mucho. Por lo tanto, recomendamos que utilices servicios como por ejemplo: www.thecouponclippers.com que te venderán cupones específicos del producto que tú estás buscando por un precio muy bajo. Es importante recalcar que no es legal vender cupones Estos sitios cobran un pequeño monto por el servicio de ubicarlos y recortarlos para ti.

k. Club de intercambio de cupones

En Plan C puedes unirte al club de intercambio de cupones. Esta es una razón por la que siempre debes recortar todos los cupones que consigas, incluso aquellos de productos que tu no consumas ya que siempre habrá otro miembro del club que estará interesado en cambiar ese cupón contigo.

l. Centros de reciclaje de papel

Otra forma de conseguir cupones es la de obtenerlos en los centros de reciclaje de papel que se encuentran ubicados en diferentes puntos de la ciudad. Sólo ubicando el lugar y hablando con el supervisor del centro, tu podrás obtener muchos cupones. Por supuesto, durante los meses de invierno no es una opción viable, pero durante la primavera, verano y otoño, te sorprenderás de lo que la gente tira a la basura. Somos grandes defensores de este sistema para obtener cupones. Visita el sitio web para localizar los contenedores de reciclaje de papel en tu área: www.earth911.com.

m. Pertenecer al banco de cupones

Afiliándote a Plan C, tendrás la oportunidad de obtener cupones de los productos de tu preferencia a través de esta novedosa herramienta. Ponte en contacto con Plan C y averigua los pasos que debes cumplir para formar parte de este Banco.

n. Familiares, vecinos y amigos

Ponte en contacto con familiares y amigos para que te guarden cupones.

o. Revista *All You*

Esta revista sale una vez al mes y trae más de $70 en cupones de productos populares que todos utilizamos. Esta revista puedes adquirirla en Amazon (internet), Wal-Mart y demás tiendas de revistas.

Como puedes ver, existen tantas maneras de obtener cupones. Es increíble una vez que abres los ojos, ¡comenzarás a ver cupones (dinero) por todas partes!

ADVERTENCIA: Es ilegal copiar o escanear cupones. Muchas personas han usado fotocopias de los cupones originales. Debido a las altas tasas de fraude, muchas tiendas se niegan ahora a tomar cupones impresos del Internet. No lo hagas porque afecta a todos los que usamos de manera adecuada, esta herramienta de ahorro.

Luego de demostrarte que los cupones de fabricantes se encuentran literalmente en todas partes, consideramos importante desenmascarar los 10 mitos principales acerca de los cupones. Estamos convencidos que la mayoría de los mitos sobre cupones comienzan por la gente que no entiende de cupones. Es triste porque realmente desalientan a personas que buscan recortar los gastos de alimentación sin sacrificar la calidad de lo que consumen. A continuación, deseamos aclarar algunos de los mitos más comunes que he escuchado en los últimos años:

Mito #1: No se puede ahorrar dinero si una tienda no dobla el valor de los cupones

Aunque las tiendas de comestibles en nuestra área doblan el valor de los cupones menores $1.00, conozco a varias personas que no consiguen ese beneficio en las tiendas donde compran, pero se las arreglan para ahorrar tanto como todos los demás. Un par de tiendas para comprar son CVS y Walgreens, que no duplican el valor de los cupones, pero tienen algunas ofertas fantásticas. Muchas veces se ahorra más en las tiendas que no duplican el valor de los cupones que las tiendas que si lo hacen.

Mito #2: Los cupones son sólo para productos no saludables, procesados o comida chatarra

Esto es falso, existen cupones para todo tipo de productos y alimentos, procesados y saludables. Yoplait y Danone emiten cupones regularmente para obtener descuentos en la compra de yogurt. ¿Quieres ensalada? Dole y Express pueden ayudarle a ahorrar $1.00 en ensaladas en bolsas y Kraft siempre emite cupones para la compra de quesos, Ken's y Paul Newman nunca te dejarían salir de la tienda sin comprar los aderezos para ensalada. Personalmente, me gusta comprar las verduras congeladas en vez de enlatados (ya que contienen menos sal). Birds Eye y el Gigante Verde parecen más que felices de ayudarte a hacerlo. Tyson y Perdue siempre emiten cupones para ayudarte a ahorrar dinero en el pollo fresco. Hay otros tantos cupones para alimentos, que son saludables, como el pan de grano integral, jugos 100% natural, junto con barras de proteína y bebidas nutritivas. Recuerda, sólo porque uses cupones, no quiere decir que no puedes elegir que comer.

Mito #3: Los cupones son para los pobres

En realidad, las estadísticas muestran que las personas de mediana edad, de clase media que tienen empleos son los más propensos a usar cupones. De hecho, las personas que hacen menos de $25,000 son los menos propensos a usar los cupones. Los fabricantes colocan cada año billones de dólares en cupones para motivar a los consumidores como tú a que compren sus productos sin importar que nivel que social tengan. ¿Desde cuándo ha sido vergonzoso ahorrar dinero?

Mito #4: Comprar en tiendas de descuento le ahorrará dinero

Esto es relativo. Las tiendas Family Dólar y Dólar General son tan caras como otras tiendas. La diferencia de ellas es que estas tiendas no tienen ofertas como en las tiendas regulares. De igual manera, es importante destacar que estas tiendas de 99 cents, no todos los artículos realmente cuestan eso. En cuanto a las tiendas de dólar verdadero (en el que todo es un dólar), nuestra experiencia confirma que es casi imposible entrar allí, sin tener que gastar $40 o $50. Esos dólares se suman rápidamente. Ahora, no nos cabe duda de que hay algunas buenas ofertas. Sin embargo descubrimos que la mayoría de las cosas que conseguimos allí podemos conseguirlas más baratas o incluso gratis en otra parte.

Mito #5: No recorte cupones de productos que no utilizará

¿Por qué no? Por un lado, hay un montón de cosas que pensamos que nunca íbamos a comprar o usar. Sin embargo, al probarlos hemos podido comprobar que son fantásticos. Además, si tu amigo tiene un perro y usted tiene un gato, ¿no sería agradable intercambiar cupones para que ambos obtengan más de lo que necesitan a más bajo costo? Si vamos un poco más allá, se pueden donar a personas que sí usan esos productos.

Mito #6: Es más barato comprar el producto de marca de la tienda a comprar un producto de marca con un cupón

Aparentemente, los productos con marca de la tienda son más baratos que los de marca original. Sin embargo, la marca de la tienda no es más barata que la marca en oferta, si la compras con un cupón. La mayoría de las veces ni siquiera miramos el precio de la marca de la tienda porque sabemos que con la oferta y los cupones, el producto de marca va a ser más barato o al menos el mismo precio. Por ejemplo, hace poco fuimos a Shoprite para comprar 10 cajas de Pasta Ronzoni, que estaba en oferta a $0.74 cada caja. Teníamos 10 cupones de $1.00 de descuento con la compra de una caja, lo que nos permitió obtener las 10 cajas de pasta de manera gratuita y obtuvimos un crédito de $2.60 que nos sirvió como parte de pago para el resto de los productos que compramos ese día. La pasta de la tienda estaba en $0.50 pero no tenía cupón, así que habríamos tenido que sacar de nuestro bolsillo $5.00 para comprar la misma cantidad. Sabemos que no habrá productos, marca de la tienda, que salgan gratis, entonces ¿para qué mirar?

En base a ese ejemplo, podemos concluir que:

Oferta de la tienda en productos de marca + Cupones = más económico que marca de la tienda.

Mito #7: No vale la pena comprar en varias tiendas

¿Vale la pena comprar en varias tiendas en función de la distancia que tiene que conducir? Tenemos la suerte de que las cuatro principales tiendas en donde compramos están todas cerca de nuestra casa. Tienes que considerar el tiempo y la gasolina en la elección de viajar a una tienda para un descuento, pero puede valer la pena si en una compra de $100 luego de los cupones, pagas solo $20.

Mito #8: Sólo usar los cupones de los productos que normalmente compran

Hemos estado utilizando cupones durante tanto tiempo que ni siquiera sabemos lo que normalmente compraremos. Esto se debe a una de las estrategias en el uso de cupones, que es no ser leales a la marca. Mediante la combinación de las ofertas de la tienda y cupones que hacen los productos de diferentes marcas muy económicos o incluso gratis, ya es casi imposible que paguemos el precio completo de cualquier artículo que compramos.

Mito #9: Las personas que usan cupones gastan más que las personas que no usan cupones

Si utilizas los cupones de la forma correcta, es decir, mediante la combinación de ofertas y cupones juntos, nunca gastarás más. Sin embargo, si te vas a ciegas a la tienda, a comprar cualquier cosa y todo lo que tiene un cupón, sobre todo si el producto no se vende, entonces sí, por supuesto que vas a gastar más. Cuando estamos en la línea para pagar en la caja registradora del supermercado y la persona frente a nosotros paga por sus productos $175 para su familia y cuando llega nuestro turno de pagar, el total es de $39, debemos confesarte que nos sentimos tristes por esa persona.

Mito #10: No se puede ahorrar dinero por gastar dinero

Bueno, depende de la cantidad de tus gastos y en lo que gastes. Si nuestra tienda está teniendo una oferta de carne: "compra un paquete y obtén uno gratis- vale la pena gastar un poco más y almacenarla por un tiempo. Si superamos nuestro presupuesto un poco ese mes, tomamos en consideración que para los próximos meses no tendremos que comprar carne.

Como puedes ver, todos estos mitos o creencias erradas que hemos escuchado de las personas por mucho tiempo, no son ciertos. La clave es utilizar los cupones en combinación con las ofertas de la tienda. De esta manera, el éxito está asegurado. Así que sigue adelante y disfruta de los beneficios de Plan C.

La única forma de aprender, es practicando lo que vamos aprendiendo, así es que cada fase del libro te presenta una serie de actividades que te permitirán poner en acción lo que has aprendido hasta el momento.

Por esta razón, las actividades que deberás realizar a fin de comenzar a aplicar el Plan C son:

- El domingo compra al menos 1 periódico (asegúrate de que los encartes con cupones estén en el interior).
- Revisa al menos un periódico local gratis de tu localidad.
- Revisa los periódicos de ofertas de supermercados y farmacias del área.
- Normalmente a cada casa llegan periódicos pequeños en bolsas plásticas que por lo general traen una revista de cupones llamada Smart Source.
- Almacena en orden todos los cupones que consigas.
- En tu próximo viaje a la tienda de comestibles o supermercado encuentra un tearpad.
- Ve a www.coupons.com y has click en los cupones de tu preferencia e imprímelos.
- Comienza a hacer trueques de cupones entre familiares y amigos.

- Mantén tus ojos abiertos para blinkies y peelies en todas las tiendas a donde vayas.

Felicidades ya has completado la primera etapa del Plan C. ¡Sigamos adelante!

CAPÍTULO IV

Fase II: La Organización

"El éxito no se logra solo con cualidades especiales.
Es sobre todo un trabajo de constancia, de método y de organización."
—J.P. Sergent

El arte de la Organización para lograr el máximo descuento.

La Organización es una fase crítica del Plan C, ya que dependiendo de la exactitud con que la lleves a cabo, dependerá el porcentaje de ahorro al final del día. Lo primero que te recomendamos es que realices una lista con los productos que **necesitas** adquirir esa semana. Recuerda que cuando realizas una nueva actividad, siempre involucra mucho tiempo, pero una vez que lo vuelves un hábito lo harás de forma casi automática.

Organizar y recortar cupones puede ser una de las tareas más laboriosas cuando comienzas a desarrollar el Plan C. Pero por experiencia podemos asegurarte, que se convertirá en una tarea familiar divertida si involucras a todos los miembros de la familia. Esto permitirá de igual manera que todos, adultos y niños, aprendan el sistema y participen en él. ***Recuerda que el éxito comienza por casa***.

No hay una manera correcta o especifica de realizar el proceso de organización de los cupones. La práctica te dará la forma correcta para ti. De todas maneras, a continuación te planteamos algunas de las maneras más populares de realizar esta tarea:

1. **Archivadoras:** pequeños bolsos o cuponeras con tarjetas que se utilizan como etiquetas para clasificar los cupones por tipo de producto. Ejemplo: productos de limpieza, productos refrigerados, productos para el cabello, etc.
2. **Carpetas o blinders:** nos permiten ordenar los cupones en hojas con divisiones tamaño de tarjeta de béisbol. Si piensas que este puede ser el método adecuado para ti, entonces no esperes, úsalo.
3. **Contenedores plásticos:** guarda los libros de cupones completos sólo colocándole la fecha en que lo recibiste en la primera página. Luego, colócalos en orden dentro del contenedor plástico ordenado por fecha. Luego recortarás sólo los cupones que vas a utilizar ese día durante tu compra semanal.

Lo que no funciona:

* **Poner los cupones en su cartera / billetera** – con seguridad se te olvidarán.
* **Recortar los cupones y guardarlos en una gaveta** – una vez más te olvidarás de ellos.

En casa utilizamos el método de la carpeta combinado con la archivadora. Cada semana mi esposa y yo disponemos de un tiempo para estudiar todos los periódicos de ofertas semanales de las tiendas, detectando así las mejores ofertas. Entonces, revisamos la carpeta (binder) y el archivador en donde tenemos los cupones organizados por tipo de producto a fin de ubicar los cupones que usaremos esa semana y los separamos por cada tienda.

Una vez que ubiques las ofertas, toma todos los cupones que usarás y colócalos junto a tu lista de compras. Esto permitirá que solo traigas al supermercado estos cupones. Si llevas todos tus cupones desorganizados a las tiendas, corres el riesgo de perderlos todos. Las cosas suceden, así es que te sugerimos que no hagas esto.

Por supuesto, deja en tu carro el resto de los cupones y en caso de encontrar algo en oferta que no figuraba en el anuncio, podrás ir un momento al carro y obtener el cupón respectivo. Si no tienes carro, con más razón, organiza tus cupones antes de salir de casa y mantenlos en lugar seguro. Recuerda que valen dinero. Prueba los diferentes sistemas y encuentra el que más te guste. El límite es el cielo.

5 sugerencias y 5 trucos para principiantes en el uso de los cupones

<u>Sugerencias</u>:

1. El domingo busca 5 periódicos que contengan encartados los libros de cupones. Recuerda verificar en las tiendas de 99 centavos. Muchas de ellas venden los periódicos en $1.00.
2. Ten tu cuaderno y tu carpeta para organizarte.
3. Únete al Club Plan C.
4. Obtén los periódicos de ofertas semanales de las tiendas de tu preferencia.
5. Lee las Políticas de las tiendas donde compras regularmente. Son públicas y gratuitas.

<u>Trucos</u>:

1. Está preparado para invertir tiempo investigando las mejores ofertas semanales.
2. Realiza tus compras el día y en horas donde no haya muchos clientes en la tienda. Esto te permitirá tomarte

tu tiempo y verificar con el cajero que todos los cupones han sido escaneados.

3. Haz dos listas de compras cada semana, una para lo que realmente necesitas esa semana y una segunda lista de los productos que esa semana salgan casi gratis o en el mejor de los casos totalmente gratis.

4. Aprende a hacer comparaciones de precios entre tiendas.

5. Evita las compras compulsivas.

Relájate, lograr todo el ahorro del que estamos hablando. ¡No es difícil!

Para esta segunda fase del Plan C, tu asignación será:

• Definir cuál de las opciones de Organización funciona para ti.

• De ahora en adelante no dejes tus cupones en casa, mantenlos contigo cada vez que vayas a la tienda de comestibles o supermercados.

Recibe nuevamente nuestras felicitaciones, has cumplido la segunda fase del Plan C. Estas a sólo un paso de comenzar a capitalizar tus logros.

¡Enhorabuena!

CAPÍTULO V

Fase III: La Oportunidad

"¿De qué le sirve a un hombre la oportunidad,
si no la sabe aprovechar?"
—**George Eliot**

Luego de cubiertas las dos primeras fases del Plan C, llegamos a la fase culminante donde pondremos toda la teoría y análisis a trabajar en nuestro beneficio desde hoy y para siempre. La denominamos la fase de la *Oportunidad.*

En este capítulo podrás aprender cómo se realiza *"el milagro"* de bajar tus gastos de supermercado semana a semana. A partir de este momento, tu visión acerca de comprar será totalmente diferente.

Así que ya tienes tus cupones, cuaderno, lápiz y carpetas (Fase I), y estás organizado (Fase II). El último paso es el más importante: utilizarlos en el momento oportuno (Fase III). No basta con ir a la tienda y usar tus cupones... **¡ESPERA!** Debes detectar las oportunidades. Comienza por revisar las ofertas semanales de las tiendas de tu vecindario, como (Shoprite, Stop & Shop, King Kullen, CVS, Walgreens, etc.) y verifica cual ofrece los mejores precios en los productos que necesitas. *La clave es esperar a que el producto sea puesto en oferta.* A menudo, con el ahorro que otorga la tienda más el descuento adicional que obtienes a través de los cupones, terminarás pagando sólo centavos, o en el mejor de los casos totalmente gratis. ¡Es un concepto increíble!

Uno de los principios del Plan C es: *No puedes comprar algo que no utilizarás a menos que sea gratis.*

Hay muchas cosas que te sorprenderán mientras más te sumerjas en esta nueva forma de hacer tus compras usando el Plan C. Cada semana se convertirá para ti en un reto de lograr cada vez mayores descuentos. Lo que antes era una pesadilla, se convertirá en algo muy divertido y donde tu misión será ganarle a la tienda.

Pero la búsqueda de oportunidades para realizar compras inteligentes pasa por el conocimiento de los siguientes elementos:

• **Conoce los precios de las tiendas donde compras**

Una las primeras cosas que te darás cuenta si no lo has hecho ya, es que los precios de Wal-Mart son generalmente constantes. Rara vez tienen ofertas. A diferencia de tiendas como Kroger, Meijer, CVS, Walgreens, Rite Aid, Stop & Shop, Shoprite, Target, Waldbaums, entre otros siempre tienen ofertas.

¿Por qué es importante esto? Bueno si te dijéramos que no hemos puesto un pie en las tiendas Wal-Mart en más de 3 meses, preguntarías por qué. Sus "precios bajos todos los días" no son realmente así. Hay que dejar claro que nos referimos específicamente a los productos que encuentras en un supermercado. Tiendas como Stop & Shop, Kroger y CVS quieren que entres a sus tiendas, por lo que tienen excelentes ofertas cada semana. Es la única forma que tienen de competir contra tiendas como Wal-Mart, con grandes ofertas, y en muchas ocasiones estas ofertas se pueden combinar con cupones del fabricante para obtener esos artículos a muy bajo costo o totalmente gratis.

Vamos a hablar de algo llamado "precio alto–precio bajo". El precio alto de un producto es el precio que verás en el estante. Si entras a Stop & Shop y compras un artículo del estante que no se encuentre en oferta, eres el cliente ideal de Stop & Shop y de cualquier tienda. Los precios de Stop & Shop en los estantes son generalmente más altos que Wal-Mart. Esto es del conocimiento común y es una gran razón de por qué Wal-Mart se percibe como el más barato.

Ahora imaginemos que en el periódico de ofertas semanales de Stop & Shop hay un producto de uso frecuente, en oferta. Y el precio en Wal-Mart de ese producto es mayor, en ese momento, que el precio que me ofrece Stop & Shop en oferta. Hasta ahora vamos bien, pero aún se pone mejor, Stop & Shop dobla los cupones de los fabricantes, Wal-Mart no lo hace (Hablaremos de esto en el punto siguiente). En otras palabras, al hacer la compra del producto en Stop & Shop, con la oferta de la tienda y usando los cupones, obtendremos el producto a un precio mucho más bajo, o gratis.

Conocer los precios de las tiendas donde tu compras, es muy importante para su estrategia global de ahorro de dinero. Si tú eres un comprador inteligente y consciente, serás capaz de tomar ventaja de las ofertas. Mediante el uso de cupones en combinación con el precio de oferta de la tienda, podrás conseguir muchos artículos de forma gratuita o muy barata.

Así es que te invitamos a que a partir de este momento analices con cuidado las ofertas semanales de cada tienda de tu agrado para así obtener el ahorro que te mereces.

- **Doblar cupones**

¿Sabías que si tienes un cupón de $0.50 dólares en muchas tiendas se duplicará a un dólar? Así es, ese pequeño cupón $0.50 a veces se convierte en un dólar y a menudo, si compras el artículo en el momento adecuado, el cupón puede hacer que al final el producto te salga gratis o casi gratis. Hablemos de duplicar. En principio esto parece un concepto muy simple, pero en la práctica puede ser muy confuso. En nuestra experiencia, los cupones que tienen un valor nominal de $1.00 o mayor casi nunca son doblados en la tienda. Esto significa que si tienes un cupón con el valor nominal de $1.00, siempre se mantendrá un dólar. Si tienes un cupón de $2.00 que siempre permanecerá $2.00 y así sucesivamente.

Muchas tiendas de comestibles de todo el país tienen lo que se llama un verdadero matrimonio. Cualquier descuento que tiene un valor nominal de $0.50 o menos se duplica. Así que si tienes un cupón de $0.20, se convierte en $0.40 centavos de dólar en la caja registradora. Si tienes un cupón de $0.50 dólares se convierte en $1.00 en la registradora y así sucesivamente.

Entonces, ¿qué pasa con un cupón de $0.55? Bueno, esa es la parte difícil de duplicar. Cupones con un valor nominal entre $0.51 - $1.00 están sujetos a la política de las tiendas locales. Muchas tiendas hacen un doblado incompleto, es decir, si tienes un cupón de $0.55, se doblará hasta $1.00 en la caja registradora y solo dará $0.45 centavos de dólar. Esto varía enormemente. Sabemos que algunas tiendas en las que utilices un cupón de $0.75, solo te darán un bono de $0.25, es decir al final recibirás un descuento de $1.00. Es importante resaltar que todo depende de las políticas de cupones que tenga tu tienda local.

¿Por qué las tiendas dan descuentos dobles?

Por dos razones, incentivo y lealtad. Cuando las tiendas doblan un cupón, lo hacen porque saben que el cliente no comprará solo ese producto. Por ejemplo, quizás tenga un cupón para la compra de huevos pero seguramente comprará leche, pan y otros productos esenciales, junto con ese producto en el que se usa el cupón. Las tiendas también quieren construir lealtad a la marca, es decir, cuanto más vayas a esa tienda en específico te sentirás más vinculado a ella. La duplicación del monto del cupón lo que busca es que tú siempre vayas a la misma tienda y te conviertas un cliente leal.

¿Qué tiendas doblan los cupones?

Esto también varía de una tienda a otra, de región a región. Hemos podido constatar que las farmacias nunca doblan los cupones, tampoco lo hace Wal-Mart o Target. Por lo general lo hacen las tiendas de comestibles como Shoprite, Pathmark, King Kullen, Stop & Shop, Kroger, Publix, Meijer y Safeway.

Por último, ¿cuántos cupones se duplican en una sola transacción? De nuevo, esto varía enormemente de una tienda a otra. Digamos que tengo diez cupones de $0.50 dólares para comprar mantequilla. Quiero usar los 10 cupones para comprar igual número de mantequillas, ya que están en oferta. Si voy a mi Pathmark local, me duplicaran los 10 cupones. Si voy al Kroger local, se duplicarán los primeros 8 cupones que son idénticos. Tengo muchos otros cupones en esa transacción que se duplicarán, pero sólo los primeros ocho cupones de mantequilla se duplicarán. Esto significa que los 2 restantes solo me darán 50 centavos de descuento. Otros supermercados como Shoprite y Stop & Shop no ponen limite al doblado de los cupones. Por esta razón, es importante separar las transacciones para maximizar el ahorro. En algunos Meijer, sólo doblan los dos primeros cupones, así que a fin de maximizar los ahorros en la compra, tendríamos que dividir los 10 cupones de la mantequilla en 5 operaciones diferentes. Podría usar otros cupones que son diferentes, y se duplicarían bien, pero sólo los dos primeros cupones de la mantequilla idénticos se doblarían. Mi mejor consejo, prueba cada tienda, y encuentra las condiciones particulares de cada una de ellas. Otra cosa que puedes hacer es preguntar en el departamento de servicio al cliente y, aunque en mi experiencia a menudo no tienen ni idea, nunca está de más preguntar.

Compre uno y lleve uno gratis (BOGO o Buy 1 Get 1 Free)

Esta es una promoción bastante popular en tiendas como supermercados y farmacias. La única condición para disfrutar de esta promoción es que compre dos artículos y tengas los cupones adecuados para que no tengas que sacar dinero de tu bolsillo y si lo haces, sea muy poco.

En resumen, obtendrás el máximo de ahorro en tus compras de supermercado, farmacias e hipertiendas, cuando apliques el Plan C en su totalidad, comprando en las tiendas que te ofrezcan los mejores precios. ¡Así es que depende solo de ti!

Para aquellos compradores que solo vayan a una sola tienda, podrán de igual manera aplicar el Plan C de manera total con la diferencia que los beneficios de descuentos se limitarán a los que ofrezca esa única tienda.

En el capítulo siguiente, te presentamos ejemplos reales que te demuestran en detalle el funcionamiento del Plan C al momento de la compra.

Las tareas que debes cumplir al término de esta fase son:

- Realiza dos listas de productos. La primera que contenga los artículos que necesitas comprar. Escoge siempre el lugar que te ofrezca el mejor precio y utiliza como parte de pago los cupones con los que cuentes, recuerda que muchas de las tiendas doblan el valor de los cupones. La segunda lista estará conformada por productos que *no necesitas en el momento* pero que con la combinación de las ofertas de la tienda y los cupones con los que cuentas, salen gratis. Aquí debemos ser muy insistentes, sólo comprarás productos que no necesites, cuando salgan **totalmente gratis**. ¡Sí, leíste bien!

- Considera las fechas de comienzo y terminación de las ofertas en cada una de las tiendas o supermercados en donde compres. Eso aparece en los periódicos de oferta de cada tienda. Por lo general cambia cada semana.
- Usa tus conocimientos básicos de matemáticas, es hora de sumar cupones, restar en gastos, multiplicar ahorros y dividir el espacio en el que harás tu despensa.
- Comienza a aplicar el Plan C de manera inmediata. La única manera de que puedas comenzar a recibir la recompensa de tus ahorros, es poniéndote en acción. Y recuerda, si al terminar la compra, las cosas no salieron como lo imaginabas, solo dirígete al centro de atención del cliente y devuelve los artículos que no te hayan dado los resultados que esperabas. Así de fácil, es un proceso de ensayo y error hasta que logres sentirte seguro.

¡Enhorabuena! Has completado la tercera fase del Plan.

CAPÍTULO VI

Cupones.
Máquinas de hacer dinero

¿Alguna vez has ido a comprar a una tienda y es ésta la que te paga a ti? Probablemente en este momento tus ojos deben estar totalmente abiertos, pensando en "demasiado bueno para ser cierto". Bueno, pensábamos lo mismo hasta hace un tiempo atrás. Nunca hubiéramos imaginado que algunos negocios pudieran ser tan buenos que, literalmente, nos pagaran por comprar. La sola idea de entrar en una tienda, comprar sin pagar nada y luego ganar un poco de dinero para la próxima compra es tan extraño, que la gente ni siquiera lo cree posible. Esto sucede no muy a menudo, pero es posible usando cupones. Cuando un cupón nos da crédito o "hace dinero", en inglés es conocido como "Money Maker".

Un crédito es la diferencia entre el valor real de un producto y el valor fácil del cupón. Por ejemplo, digamos que tú tienes una lata de atún que está en oferta por $0.50, y tiene un cupón de $1.00. Esto es un evento extraño, ¿verdad? ¿Qué hacer? Bueno muchas tiendas honrarán el cupón de $1.00, incluso si el producto sólo cuesta $0.50. Esto significa que usando el cupón, podrás obtener la lata de atún y además ganarás $0.50. Ahora, cuando digo 'ganar' las tiendas en general, no dan dinero de vuelta, sino que te permiten comprar algo adicional que tenga el valor de $0.50 y no pagues nada. ¿Ves cómo funciona?

Ahora bien, imagina un escenario en el que dispones de veinte cupones de $0.50 para el atún. Automáticamente ganarías un crédito de $0.50 por cada lata, simplemente al canjear el cupón. Después de usar 20 cupones, tendrás un crédito de la tienda por $10.00. Este crédito te permitirá comprar carne, pollo y otros productos esenciales que nunca tienen cupones, pagando menos o simplemente pagando nada. Este es un concepto importante con los créditos. Debes detectar productos que consumirán ese crédito que se ha acumulado. Los créditos son raros, pero ocurren.

Algunas tiendas pueden ajustar hacia abajo el cupón para igualar el monto al precio del producto (esto es lo peor que podría suceder). Algunos registros de almacén se programan de forma automática "ajustar hacia abajo el cupón" a el precio del producto, esto significa que no se generará crédito alguno, pero todavía obtendrás el producto de forma gratuita.

Muchas personas se preguntan ¿por qué las tiendas deliberadamente harían eso? Las tiendas permiten el crédito porque van a recibir un reembolso por parte del fabricante cuando estén presentes los cupones. El cupón será enviado a un centro de intercambio de cupones, una máquina lo escaneará, y luego devolverá el valor nominal del cupón a la tienda. Por lo tanto, algunas tiendas permiten los créditos porque no están perdiendo dinero, sino que son simplemente ahorros para ti, el comprador.

La otra forma más común "hacer dinero" en la tienda es mediante la búsqueda de oportunidades de "hacer dinero". Estas ofertas están por todas partes en muchas tiendas de comestibles. Supongamos que vamos a la tienda local de comestibles para adquirir Kraft Salad dressing. Actualmente está en oferta por $1.00 y tenemos un cupón de $1.00 de descuento del fabricante, por lo que el producto es gratis. Pero hay una promoción que dice que si compro 4 dressing Kraft, obtendrás una catalina de $3.00 para utilizar en la próxima compra. Revisemos esto. Hemos comprado 4 botellas de dressing. No hemos pagado nada porque tenía los cupones y después de pasar por la registradora la tienda me da un cupón de $3.00 para mi próxima compra. ¿Increíble, no? ¿Y qué pasa si no hay límite de cantidad y compramos 40 dressings en lugar de sólo 4? De hecho, me regresarían $30.00 en catalinas para ser usados en la próxima compra. Con sólo comprar aderezos para ensaladas y obteniendo el crédito puedo aprovechar esto para comprar cosas como carne, pan fresco y frutas, que no tienen cupón, sin pagar un centavo.

Ahora te estarás preguntando, ¿qué hacer con 40 botellas de aderezo para ensalada? Bueno podrías regalar algunos a familiares y amistades, podrías almacenarlas en caso de que consumas dressings en cantidad o simplemente dona a los bancos de alimentos. Ganar dinero en la tienda es una cosa asombrosa. La mayoría no lo cree hasta que lo intente por sí mismo.

Una última nota, créditos e ingresos de dinero son escasos, y en algunas zonas del país, literalmente, algo inaudito. Al igual que las políticas de créditos por cupones varían de tienda en tienda y de una región a otra. Cuando detectes la posibilidad de un crédito, lo mejor es chequear cual es la política de cupones de la tienda local y de ser posible aprovecha la oportunidad. Los créditos siempre son un privilegio, así que tenlo en cuenta.

CAPÍTULO VII

Maneras complementarias de ahorrar y bajar su presupuesto

Plan C es un plan integral. En este capítulo te ofrecemos información complementaria muy poderosa que te permitirá complementar lo que ya has aprendido. Debes tener en cuenta que mientras más acciones emprendas de manera simultánea, lograrás mejores resultados.

A continuación incluimos algunas técnicas que puedes utilizar para ahorrar dinero sin usar cupones.

Nunca vayas de compras a una tienda (Supermercado) sin una lista

Haz una lista. Ajustarse a ella es probablemente una de las maneras más eficaces de ahorrar dinero en el supermercado. Al crear una lista antes de ir, puede evitar la compra de productos no esenciales que incrementan el gasto.

Nunca vayas de compras con hambre

No te rías, es totalmente cierto. Esto es sólo sentido común. Si vas a la tienda con hambre, al entrar y oler el pan recién horneado o el aroma del pollo, será realmente difícil vencer la tentación de comprarlo. Llegar a esos puestos donde da muestras de productos, nos llevan a que minutos después ya tengamos una libra de ese producto en el carro de compras. Sin olvidar los chips y la salsa, y luego el helado. Y mientras estamos esperando para pagar agarramos un chocolate, o dulces. ¿Te ha pasado? En otras palabras, al final terminas comprando varios productos que se traducen en gastos innecesarios. Quizá no tenías necesidad de los chips, que dicho sea de paso no estaban en tu lista, pero ya los compraste de todos modos. **Recomendación:** coma algo antes de ir a comprar.

Nunca compres por impulso

Los supermercados son inteligentes. Ponen las cosas que realmente no necesitamos en el área de las registradoras y que rara vez están en nuestra lista, pero la gente termina comprándolos. Los pequeños impulsos suman dinero a nuestra compra rápidamente. No estoy diciendo que nunca compres una barra de chocolate, pero en caso de hacerlo, compra solo una en lugar de dos o tres. Y si está en oferta, mejor.

Renuncia a tu lealtad hacia la marca

¿Por qué comprar productos para lavar la ropa de la misma marca siempre, cuando alguna otra marca está en oferta? ¡Todas limpian! Unos son quizás un poco mejor que otros, pero todos tienen básicamente los mismos ingredientes activos. En nuestro caso siempre comprábamos las mismas marcas de los productos semana a semana. Cuando comenzamos a probar otras marcas, descubrimos que muchos de estos productos eran muchísimo mejores e inclusive más económicos. Cuando se compra siempre el mismo producto sin importar el precio, estas botando tu dinero.

Planea un menú semanal de comidas

Esto funciona perfectamente bien con la planificación de la lista de compras. Si sabes lo que vas a comer, compras menos en el supermercado y, en consecuencia ahorraras más dinero. Terminarás comprando realmente lo que necesitas para esa semana, no correrás el riesgo de botar alimentos por que se hayan dañado. Al planificar las comidas semanales, y ceñirse a ellas, te sorprenderá lo mucho que ahorrarás.

Compra sólo un día a la semana

Si vas a la tienda una vez por semana, ahorrarás dinero, simplemente porque solo gastarás ese día. Consigue lo que necesites para la semana, y no vuelvas a la tienda hasta la semana próxima. Los negocios están listos, e intentarán todo para que vuelvas a entrar en su tienda.

Come lo que está en oferta

Este truco es bueno para todos, los que utilizan la lista o no. Al comer lo que está en oferta en la semana fácilmente podría ahorrarte unos cuantos dólares. Por ejemplo, digamos que el pollo tiene la siguiente promoción compre uno y llévese uno gratis, pero la carne está el precio normal. La decisión inteligente será comprar el pollo. Muchas personas dicen cosas como "que aburrido es comer lo mismo durante toda una semana". Siendo creativo, puedes preparar pollo de diferentes maneras y así cada comida será distinta. Simplemente se creativo y ahorra dinero.

Explora las tiendas de dólar

Amplía tus horizontes y te sorprenderás. Las tiendas en dólar, como por ejemplo: Dólar Tree, Family Dólar y 99 Cents, entre otras., tienen artículos de primera necesidad, como artículos de limpieza y de aseo personal. Échales un vistazo y ve si tienen algo que podrías utilizar más barato que el precio en el que tú los compras en tienda de comestibles.

Evita las compras de urgencia de $30

Evita totalmente ir a la tienda de la esquina para comprar leche, chips, queso y salsa de tomate, porque se han acabado y luego agarrar unos huevos, tal vez uno o dos litros de soda o algunos caramelos. Ese pequeño viaje a la tienda de conveniencia (Seven Eleven) fue de $30. Evita esto a toda costa. Al planear sus comidas y hacer listas de lo que necesita, estos viajes serán cosa del pasado. Los mismos artículos comprados en un supermercado de manera ordenada, quizás podrías ahorrarte de $10 a $15.

Compara los precios entre tiendas

¿Quién no compara precios en artículos grandes? Si vas a comprar un televisor o una computadora, realizas una búsqueda en todas las tiendas y por el internet para encontrar el mejor precio. ¿Por qué no hacemos lo mismo con los alimentos? Gastarás mucho dinero este año en los alimentos si no cambias tus hábitos de compra, y simplemente haciendo un poco de comparación de precios entre las tiendas, ahorrarás mucho dinero.

Utiliza el congelador

Pocas cosas no se pueden congelar. Tu puedes congelar casi todo. Si la carne está a la venta a un buen precio, compra más de lo necesario, mientras está en nuestro presupuesto y proceda a congelar la mayor parte de ella. Un congelador bien surtido puede ayudarte a ahorrar dinero. Sólo asegúrate de usarlo.

De acuerdo con la Dirección de Fármacos y Alimentos (FDA), los alimentos congelados son seguros indefinidamente, solo debes congelarlos en su empaque original o en su defecto en bolsas para congelador. Esto te garantizará que los alimentos mantengan la frescura.

Evalúa los tamaños

Millones de personas se han convencido de que es mucho mejor comprar el producto en la presentación más grande para ahorrar dinero. Los tamaños grandes no siempre son un ahorro. Asegúrate de comprobar siempre para ver qué tamaño da el mejor precio de la unidad.

Ahora podremos desenmascarar un gran mito que nos han hecho creer desde siempre acerca de que el tamaño sí importa, pero no me malinterpretes, me refiero al tamaño de los productos. Siempre hemos escuchado que al comprar el tamaño más grande de un producto se traduce en ahorros, pero aquí te demostrare que esto no es del todo cierto.

El siguiente ejemplo demuestra cuando es mejor seleccionar los tamaños grandes:

Ejemplo:

Imaginemos que deseas hacer una receta que requiere de 16 oz de queso amarillo Kraft. En tu supermercado favorito, el queso amarillo Kraft tiene los siguientes precios:

16 oz de queso amarillo Kraft cuestan	$ 2.99
8 oz de queso amarillo Kraft cuestan	$ 2.09

Si no tienes cupones para este artículo, lo ideal será que selecciones el queso de 16 Oz. De seleccionar el otro tamaño, tendrías que comprar dos paquetes de queso para realizar la receta y que sumarían un monto de $4.18.

Ahora revisemos el siguiente ejemplo:

Tienes una receta que requiere de 16 oz de queso amarillo Kraft y los precios en tu tienda son:

16 oz de queso amarillo Kraft cuestan	$ 2.99
8 onzas de queso amarillo Kraft cuestan	$ 0.99

En este caso, escoges el tamaño pequeño y al final habrás ahorrado aproximadamente $1.00.

Ahora evaluemos el siguiente ejemplo:

Tienes dos cupones para cualquier producto marca Kraft de $0.50 de cualquier tamaño y además de esto tu tienda no duplica los cupones.

En este caso, es mejor comprar 2 paquetes de queso amarillo Kraft de tamaño más grande.

Esta es la matemática:

1 paquete de queso amarillo kraft de 16 Oz	$ 2.99
Cupón producto Kraft	-$ 0.50
Total a pagar después del uso de cupón	**$ 2.49**

Si decidieras comprar el queso de menor tamaño, pagarías:

2 paquetes de queso amarillo Kraft 8 Oz	$ 4.98
Cupón producto Kraft	-$ 0.50
Cupón producto Kraft	-$ 0.50
Total a pagar después de cupones	**$ 3.98**

En el siguiente ejemplo, veremos cuando es favorable comprar los tamaños más pequeños.

Necesitas comprar una crema de manos Nivea y en tu tienda de confianza tienen los siguientes precios:

Crema Nivea de 16 Oz cuesta	$ 7.99
Crema Nivea de 2 Oz cuesta	$ 0.99

Si usted tiene 4 cupones de $1.00 de descuento para cualquier producto marca Nivea, entonces al seleccionar el tamaño más pequeño:

4 Cremas Nivea de 2 Oz	4 x 0.99	$ 3.96
Cupón de fabricante		- $ 1.00
Cupón de fabricante		- $ 1.00
Cupón de fabricante		- $ 1.00
Cupón de fabricante		- $ 1.00
Total a pagar después de cupones		**$0.00***

*Nota: Solo pagaría el monto del impuesto, en caso de que aplique.

Presta atención a los precios

En todas partes, los precios suben y bajan. Las tiendas necesitan ventas y tratarán de conseguirlas a como dé lugar. Si prestas atención a las ofertas semanales, podrás aprovecharlas, para evitar comprarlas luego a un precio mayor.

Revisa el carro de compras con frecuencia durante la compra

Alguna veces te encontrarás poniendo cosas en tu carro que no necesitas, mientras caminas por la tienda. Para evitar la compra de cosas que no están en tu lista y que no están en el presupuesto, o simplemente no son necesidades, siempre detente y chequea tu carro. ¿Realmente necesitas la bolsa de papas de esta semana? Mantén un control del valor de tus compras en tu carrito. Si conoces alrededor de cuánto vas a gastar, será más fácil controlar los productos que colocas en el carro.

Presta atención a las estrategias de mercadeo

Pon atención en el valor de los productos que están a la altura de los ojos. Sabías que los artículos que se encuentran al nivel de la vista por lo general cuestan más. Siempre revise todos los tamaños y precios. Aunque cada tienda es diferente, la mayoría de las tiendas colocan alimentos en la parte frontal de los estantes o endcaps, y estos puntos se utilizan para las compras rápidas, fáciles, que son generalmente más caras.

Revisa tu recibo de compras

Esta es una regla absoluta. Siempre revisa tu recibo y trata de hacerlo, mientras te encuentras en la tienda. Si algo fue facturado pero no está en el carro, dirígete al centro de servicio al cliente. Sería una molestia regresar una vez que todo está en el coche, o si ya llegaste a tu casa. Ten cuidado con las tarjetas de fidelidad de tu tienda. Asegúrate de que fue registrada en la registradora. De lo contrario, terminarás pagando el precio regular y perderías las ofertas.

Guarda la comida preparada

Nuevamente usa el sentido común. Congelar lo que quede de la comida preparada te permitirá que no se dañe y puedas consumirlo en otra ocasión. Es rápido, fácil y barato.

Revisa los productos y las fechas de expiración

Siempre me fijo en los productos que están cerca de la fecha de expiración. Por ejemplo, Si encuentras la carne que no está en descuento, pregúntale al carnicero. Si no está disponible, pregunta por el gerente. Los supermercados prefieren vender la carne a un precio reducido que el tener una pérdida total. Siempre congele de inmediato la carne y no se dañará.

Comidas rápidas

¿Quién no tiene prisa en estos días? En lugar de detenerse en McDonald's y gastar de $15 a $20 en una comida para una familia de cuatro, ¿por qué no correr a la tienda de comestibles? Te sorprenderás de lo que puedes conseguir por menos de ese monto y listo para comer. Algunas ideas que he pensado es un pollo asado y un par de latas o verduras. Sándwiches y papas fritas, espaguetis, incluso hamburguesas. Muchas tiendas de comestibles también tienen islas de ensaladas que son muy económicas.

Chequea la sección de descuentos

Esto se ha convertido en una de nuestras cosas favoritas en el supermercado. Usando cupones puedes conseguir un montón de cosas en esta sección de forma gratuita. Pero si tú puedes conseguir artículos a mitad de precio, ¿por qué no? La sección de descuentos es una parada obligatoria para la mentalidad de ahorro.

Cocina tus comidas para toda la semana durante el fin de semana.

Bueno, sé que esto puede sonar intimidante, pero cocinar el fin de semana tus menús del resto de la semana es una manera simple de reducir drásticamente hacia abajo en su factura mensual de comestibles e incluso, puede mejorar tu salud y la de tu familia. Es un hecho bien establecido que los alimentos de conveniencia o mejor conocidos como "fast food" o comida rápida simplemente cuestan más que los que preparas tú mismo. Si preparas las comidas que se pueden congelar con antelación para la semana siguiente, puedes tomar ventaja de los ahorros en comida desde el principio, sin perjudicar tu presupuesto durante una semana ocupada.

Almacena

Este es realmente efectivo. Si utilizas Hamburger Helper cuatro veces al mes, y salieran en oferta por $1.00 (su precio regular es de $2.29). Compre 10 cajas si crees que vas a ser capaz de utilizarlos antes de que caduquen. Este es uno de los mayores principios de cupones.

¡Está pendiente!

Mantén tus ojos abiertos. Compara precios. Al ser consciente de esto en las tiendas que frecuentas, tendrás la facilidad de comprar en la tienda que tenga el producto más económico.

CAPÍTULO VIII

Ejercicios prácticos

Como todo lo demás en la vida, no puedes esperar que solo con leer este libro todo cambie. Es importante poner en práctica lo que has aprendido y con tu propia experiencia enriquecer este conocimiento.

Sin embargo, a continuación compartiremos contigo algunos ejemplos que te guiarán de una manera más detallada cuando estés en acción.

Ejemplo #1: Supongamos que tu tienda local **NO** dobla el valor de tus cupones (ejemplo: Wal-Mart). Wal-Mart tiene ese día la bolsa de lechuga Dole a $1.00 por bolsa y deseas comprar 2 bolsas. Imagina que cuentas con 4 cupones que podrías usar:

- 2 cupones de $0.55 de descuento con la compra de cada bolsa de lechuga Dole.
- 1 cupón de $1.00 de descuento con la compra de 2 bolsas de lechuga Dole.

1. ¿Cuál será la mejor combinación de cupones de descuento a utilizar en el ejemplo #1?
2. ¿Cuál será el monto a pagar por ti por la compra de las 2 bolsas de lechuga usando los cupones?

Explicación: Si usas el cupón de $1.00 de descuento por la compra de 2 bolsas de lechuga Dole, sería:

1 Bolsa de lechuga marca Dole	$ 1.00
1 Bolsa de lechuga marca Dole	$ 1.00
Monto a pagar	$ 2.00
Cupón de descuento	-$ 1.00
Monto a pagar después de cupón	**$ 1.00**

Sin embargo, si usas 2 cupones de $0.55 de descuento por cada bolsa de lechuga marca Dole, terminarías pagando:

1 Bolsa de lechuga marca Dole	$ 1.00
1 Bolsa de lechuga marca Dole	$ 1.00
Monto a pagar	$ 2.00
Cupón de descuento	-$ 0.55
Cupón de descuento	-$ 0.55
Monto a pagar después de cupón	**$ 0.90**

La mejor combinación es usando los dos cupones de $0.55 de descuento por la compra de una bolsa de lechuga marca Dole.

Ejemplo #2: La tienda duplica el valor de los cupones de hasta $1.00 (Límite máximo de 2 cupones). Y deseas comprar 4 galletas Pillsbury refrigeradas en $2.50 cada una y cuentas con los siguientes cupones a utilizar:

- 1 cupón de $0.75 de descuento con la compra de 1 galleta Pillsbury refrigerada.
- 1 cupón $0.50 de descuento con la compra de 1 galleta Pillsbury refrigerada.
- 3 cupones $0.60 de descuento con la compra de 1 galleta Pillsbury refrigerada.
- 1 cupón de $1.00 de descuento con la compra de 2 galletas Pillsbury refrigeradas.
- 1 cupón de $2.00 de descuento con la compra de 3 galletas Pillsbury refrigeradas.

- 1 cupón de $1.00 de descuento con la compra de 1 galleta Pillsbury refrigerada.

1. ¿Qué descuento(s) utilizarías para obtener la mejor oferta?
2. ¿Cuál sería el monto a pagar por las galletas luego de que uses los cupones?

Explicación:

Lo primero que debes tomar en cuenta es que la tienda solo dobla el valor de los cupones de hasta $1.00 con un límite máximo de 2 cupones del mismo monto. En este caso solo usarías 4 cupones, es decir 1 por galleta. Si la tienda dobla los cupones de hasta $1.00, significa que esos cupones tendrán al final un valor de $2.00 de descuento cada uno. Entonces haciendo el cálculo, la mejor forma de usar los cupones sería:

4 Galletas Pillsbury	$ 2.50 c/u	$ 10.00
1 Cupón doblado	$ 1.00 x 2	-$ 2.00
1 Cupón doblado	$ 0.60 x 2	-$ 1.20
1 Cupón doblado	$ 0.60 x 2	-$ 1.20
1 Cupón doblado	$ 0.50 x 2	-$ 1.00
	Total a pagar	**$ 4.60**

Total de descuento que obtendrás usando sus cupones será de **$5.40.**

Nota importante:

Es muy valioso realizar los cálculos antes de ir a las tiendas, sobre todo cuando tienes que seguir no sólo las reglas de la tienda sino las reglas del cupón. En el caso particular que estamos estudiando, la tienda acepta hasta dos cupones del mismo monto para ser doblado. Esto no quiere decir que no pueda doblar el resto de los cupones de montos distintos.

Ejemplo #3: Compre uno y lleve uno gratis (BOGO o B1G1F)

Esta es una promoción bastante popular en tiendas como supermercados y farmacias, entre otras. La única condición para disfrutar de dicha promoción es que compres dos artículos que se encuentran en promoción. Ahora pasaremos a evaluar las 4 posibilidades que se te pueden presentar al momento de comprar: Wal-Mart tiene el Arroz Carolina en promoción, compre una bolsa de 5 lbs. y llévese la segunda bolsa gratis y tienes cupones del fabricante para este producto (recuerda que Wal-Mart no dobla el valor de los cupones de fabricante), al momento de pagar y usar los cupones verías en tu recibo algo como esto:

Arroz Carolina de 5 Lbs.	$ 2.50
Arroz Carolina de 5 Lbs.	$ 0.00
Cupón del fabricante	-$1.00
Cupón del fabricante	-$1.00
Total a pagar por 2 bolsas de arroz	**$ 0.50**

Nota: Si tienes dos cupones del producto, tal y como se muestra en el ejemplo, aun cuando uno de los productos salga gratis, puedes utilizar los dos cupones.

Supongamos que tienes un cupón de Arroz Carolina de 5 Lbs que dice, compre uno y el segundo es gratis. Al momento de pagar y entregar el cupón verás en el recibo algo como esto:

Arroz Carolina de 5 Lbs	$ 2.50
Arroz Carolina de 5 Lbs	$ 2.50
Cupón del fabricante	-$ 2.50
Total a pagar	**$ 2.50**

Nota: en este caso es diferente debido a que es el cupón el que ofrece el BOGO (B1G1F).

Ahora consideremos el ejemplo ideal. La tienda tiene una promoción de Arroz Carolina de compre una bolsa de 5 Lbs. y llévese la segunda bolsa gratis. Y tienes con un cupón de Arroz Carolina de 5 Lbs. y llévese la segunda gratis. En este caso al pagar y usar el cupón verás algo como esto en tu recibo de compra:

Arroz Carolina de 5 Lbs.	$ 2.50
Arroz Carolina de 5 Lbs.	$ 0.00
Cupón del fabricante	-$ 2.50
Total a pagar	**$ 0.00***

*Nota: Sólo pagaría el impuesto, en caso de que aplique.

Ejemplo #4: Deseas comprar Cereal Cheerios, tienes un cupón de $1.00 de descuento y al momento de hacer el análisis en casa encuentra la siguiente situación:

Wal-Mart "todos los días Precios bajos" tiene el precio del Cheerios en $2.50. Precio regular del Cereal Cheerios en Stop & Shop: $3.29, pero esa semana tienen una promoción de este cereal en $2.60. A simple vista, sigue siendo mejor el comprar este cereal en Wal-Mart, pero espera. Analicemos en detalle:

Haciendo el análisis en las dos tiendas:

WAL-MART		STOP & SHOP	
Precio Cereal Cheerios	$ 2.50	Precio de oferta Cereal Cheerios	$ 2.60
Cupón del fabricante	- $ 1.00	Cupón del fabricante	- $ 1.00
Total a pagar	**$ 1.50**	Bonus Dbl	- $ 1.00*
		Total a pagar:	**$ 0.60**

(*) Recordemos que Stop & Shop dobla el monto de todo cupón hasta de $1.00, a menos que el cupón diga lo contrario. Wal-Mart nunca dobla los cupones de fabricante.

Respuesta: Definitivamente Stop & Shop será la mejor opción para adquirir este producto.

Si nunca habías utilizado un cupón y habías estado pagando por este producto $3.29 como precio regular, al usar un cupón y comprar el artículo en el lugar correcto, obtendrás un ahorro de aproximadamente 92%. Imagínate logrando este porcentaje de ahorro en todos los productos de tu mercado. Suena bien, ¿verdad?

Ahora viene la parte divertida. En la mayoría de las tiendas puedes utilizar el mismo número de cupones de cada serie de los artículos que compras.

Esto significa que si aplicando todos los cupones la tienda queda debiéndote dinero, normalmente no te dará el dinero, en ese caso podrás comprar algo más que quizás no tenga cupón, para gastar ese saldo a tu favor, sin sacar dinero de tu bolsillo.

Como puedes ver, esta es otra manera de adquirir productos pagando muy poco dinero o en el mejor de los casos sin gastar un centavo.

La tarea que debes realizar al finalizar esta sección del libro, consiste en:

- Realiza tus cuentas en casa. Recuerda que tal y como pudiste verlo aquí, los máximos descuentos se logran de la combinación de los cupones adecuados con los descuentos de las tiendas adecuadas. Como ves, el Plan C es como un juego de estrategia y donde el objetivo es obtener más, gastando menos.

CAPÍTULO IX

Contabilizando tus logros

"Con números se puede demostrar cualquier cosa"
—Thomas Carlyle

Hasta ahora has logrado aplicar cambios sencillos en tus hábitos de compra que te generarán recompensas sin límites. Seguramente a estas alturas, estarás más que convencido que usando el Plan C obtendrás ahorros increíbles en compras de supermercado y farmacia. Pero eso no queda aquí, la parte más emocionante de aplicar Plan C es el de tener dinero contante y sonante que ahorraste durante un periodo de tiempo establecido. Si lo dejaras en el banco, lo gastarías en otras cosas y sería un poco complicado para ti ver el excedente de dinero producto del ahorro.

Es por esto, que nos dimos a la tarea de anexar a Plan C una manera sencilla y efectiva de contar el dinero a medida que vas ahorrando y a continuación te lo explicaremos, pero queremos advertirte que es extremadamente sencillo.

Lo primero que debes hacer es tomar una hoja de papel y escribir una lista numerada del 1 al 100, tal y como te mostramos a continuación:

1	2	3	4	5	6	7	8	9	10	**$55**
11	12	13	14	15	16	17	18	19	20	**$210**
21	22	23	24	25	26	27	28	29	30	**$465**
31	32	33	34	35	36	37	38	39	40	**$820**
41	42	43	44	45	46	47	48	49	50	**$1,275**
51	52	53	54	55	56	57	58	59	60	**$1,830**
61	62	63	64	65	66	67	68	69	70	**$2,485**
71	72	73	74	75	76	77	78	79	80	**$3,240**
81	82	83	84	85	86	87	88	89	90	**$4,095**
91	92	93	94	95	96	97	98	99	100	**$5,050***

*Estos $5,050 resultan de la suma de todos los números desde el 1 hasta el 100.

Imagino que estarás preguntándote: ¿Y qué voy a hacer con esto? No te preocupes, relájate y pon atención, es realmente sencillo.

Si te fijas en la primera fila de la tabla, encontrarás los números del 1 al 10 y al final está el número 55. Si sumas 1+2+3 y así sucesivamente hasta el 10 obtendrás un total de 55. Que se traducirá en el monto en dólares ($) ahorrado al completar la primera línea de ahorro. Si aplicas esto al resto de la tabla te darás cuenta que la suma de todos los números da como resultado $5,050. Este número maravilloso se convertirá en tu meta de ahorro.

Cada número del 1 al 100 representa la cantidad en dinero que estarás ahorrando, durante esa semana o ese mes. La cantidad de dinero te la indica la tabla y la frecuencia con que ahorres, la decides **tú**.

El siguiente paso es buscar una alcancía o cualquier envase cerrado en cual puedas poner el dinero. Si eres creativo, no tendrás que invertir mucho en esto, ya que hasta una caja de zapatos o un envase plástico, sellado por los lados y con una ranura en la parte superior, servirá.

Asumiendo que el primer día colocas $1.00 en la caja dispuesta para el ahorro y el segundo día $2.00, cuando llegues al número 100 habrás ahorrado $5,050 en 100 días. Fácil, ¿no crees?

Es importante que vayas marcando en tu tabla con una "x" el monto que estas ahorrando, esto te ayudará a visualizar tus ahorros y te motivará a lograr la meta.

A medida que vayas marcando con una "x" y colocando el dinero en el envase dispuesto para ello, también estarás cambiando y creando buenos hábitos de ahorro, disciplina y organización.

Esta forma de ahorro se puede convertir fácilmente en un juego familiar. Si quisieras imprimirle mayor motivación, celebra cada vez que termines una línea e incluso ponle el nombre del sueño que cumplirás al finalizar esa línea de ahorro. Estos $5,050, sin duda te ayudarán a resolver o hacer realidad algo que hayas anhelado.

Lista de compras, comparación de precios

A continuación te presentamos un formato que será de gran utilidad para el análisis que tendrás que realizar cada semana antes de salir a hacer tus compras. Al principio, sabemos que será un proceso un poco lento pero en la medida que lo uses, será de gran ayuda para comprar de manera inteligente. Recuerda que recomendamos realices dos listas: aquellos productos que necesitas y una segunda lista con los productos que con el uso de Plan C te saldrán gratis o pagando unos centavos.

		PLAN C			
	Formato de Análisis de Precios				
Producto	Precio	Cantidad	Sub total	Cupón	Total a Pagar
Total a pagar $					

Como ves, hay maneras sencillas de contabilizar, comparar precios, descuentos y ahorros. Lo importante es que puedas visualizar de manera fácil, la información. Quien tiene la información, tiene el control, y quien mejor que tú, para tener el control de tus finanzas y de tu vida.

El éxito dependerá de tu constancia en las acciones sugeridas. Hemos puesto a tu disposición herramientas efectivas y reales de ahorro. La flexibilidad del sistema Plan C, permite que tu propio Plan no se parezca a ningún otro, ya que ha sido personalizado y creado justo a tu medida.

Si después de haber leído y activado Plan C, ahora tienes una nueva visión de lo que puedes lograr usando el dinero inteligentemente en tu vida diaria, entonces, escribir este libro ha valido la pena. Sin duda alguna, esa será nuestra mayor recompensa.

ACERCA DE LOS AUTORES

Massiel Cardenas, nació en la ciudad de Maracay, Venezuela. Cursó estudios superiores de Administración, Mención Gerencia. Posteriormente, realizó cursos de especialización en las áreas de Programación Neurolingüística (PNL) e Inteligencia Emocional, Análisis Transaccional, Motivación al Logro, Psicología aplicada al sector inmobiliario, Motivación al Trabajo, Gerencia Moderna, Dirección de Reuniones, Mercadeo en Red, Outsourcing, Internet e Intranet para Empresas. Massiel, diseñó cursos de crecimiento personal y motivación al logro, orientados a la mujer latina. Adicionalmente, dicta cursos en español de orientación básica en el uso de tecnología. Emigró a Estados Unidos en el año 2002, donde ha logrado impartir sus talleres vivenciales de motivación. Actualmente es Consultora y Motivadora de la Empresa S.M.A.R.T Consultant, especializada en Consultoría Gerencial.

Paul Cardenas, nació en la ciudad de Caracas, Venezuela. Cursó estudios superiores en la Universidad Fermín Toro en donde obtuvo el grado de Ingeniero de Mantenimiento Mecánico. Posteriormente, realizó estudios avanzados obteniendo la Maestría en Gerencia Empresarial (MBA), recibiendo mención honorífica por excelencia Académica. Continuó su preparación profesional especializándose en las áreas de Marketing, Planificación Estratégica, Servicio al Cliente, Motivación y Crecimiento Personal, Liderazgo y Competitividad en el Instituto de Estudios Internacionales (IESA). Se desempeñó como Ejecutivo de Cuentas en la Industria petrolera PDVSA, Venezuela. Actualmente es fundador y Presidente de la Empresa S.M.A.R.T Consultant, especializada en Consultoría Gerencial en el Estado de New York.